Kleine Momente der Entspannung

Im hektischen Treiben des Alltags vergessen wir häufig, uns Zeit für uns selbst zu nehmen und kleine Auszeiten zu genießen, vor allem dann, wenn wir sie wirklich verdient haben. **Zencolor moments** ermöglichen Ihnen jeden Tag diese Momente, in denen Sie sich entspannen und einfach mal abschalten können. Gehen Sie auf Entdeckungsreise und verlieren Sie Ihre täglichen Sorgen in diesen wunderschönen, filigranen Bildern. Lassen Sie Ihrer Fantasie freien Lauf – bereits mit ein paar Farbstiften können Sie ganz besondere Unikate schaffen.

Auf den ersten Seiten finden Sie kleine Tipps und Anregungen zum Ausmalen. Nehmen Sie diese gern zur Inspiration, hören Sie aber vor allem auf Ihr Bauchgefühl. Das Ausmalen soll Ihnen Vergnügen bereiten und Sie entspannen. Suchen Sie sich das Bild aus, das Sie am meisten anspricht, wählen Sie die schönsten Farben und genießen Sie ganz einfach den Moment mit **Zencolor moments.**

Farbstifte

Bunt- oder auch Aquarellstifte sind die beliebtesten Stifte zum Ausmalen. Sie sind leicht zu beschaffen und bieten eine Vielfalt an Ausdrucksmöglichkeiten. Fließende Übergänge und zarte Farbabstufungen sind mit ihnen genauso möglich wie Farbmischungen. Sie decken jedoch nicht so gleichmäßig wie Faserstifte.

Faserstifte

Faserstifte gibt es in sehr unterschiedlichen Qualitäten. Achten Sie beim Kauf auf hochwertige Stifte, die nicht durchschlagen. Faserstifte haben einen kräftigeren und satteren Farbauftrag als Buntstifte. Für Farbabstufungen benötigen Sie im Normalfall mehrere Stifte in verschiedenen Schattierungen.

Kalte Farben

Zu den kalten Farben zählen vor allem Blau, aber auch bläuliche Grün- und Violetttöne. Sie haben einen beruhigenden und entspannenden Effekt, können aber auch unnahbar wirken. Nutzen Sie solche Farben für Bilder, die eine Auszeit von der alltäglichen Hektik bieten sollen und lassen Sie die Farben auf sich wirken.

Warme Farben

Alle gelben, orangen und roten Farben sowie rötliche Violetttöne sind warme Farbtöne. Sie wirken aktivierend und anregend. Die Verwendung solcher Farben hilft Ihnen, Kraft zu schöpfen und Energie zu tanken. Auch Braun wird oft als warm empfunden, hat jedoch eher eine beruhigende Wirkung.

Kräftige Farben

Wenn Sie mit dem Buntstift aufdrücken oder mit dem Farbstift mehrmals über eine Fläche streichen, wird die Farbe dadurch kräftiger, dass mehr Farbpigmente übertragen werden. Kräftige Farben erwecken mehr Aufmerksamkeit als zarte – heben Sie wichtige Aspekte des Bildes dadurch hervor. Grundsätzlich wirken kräftige Farben wärmer, sie können aber auch fast aggressiv sein.

Zarte Farben

Durch ganz leichtes Schraffieren scheint noch viel vom Weiß des Papieres durch und die Farbe wirkt zart und pastellig. Solche Farben erinnern an den Frühling und wirken freundlich und einladend. Kalte Farben werden jedoch in ihrer Wirkung verstärkt. Leicht schraffiert lenken weniger wichtige Details des Bildes nicht vom Fokus ab.

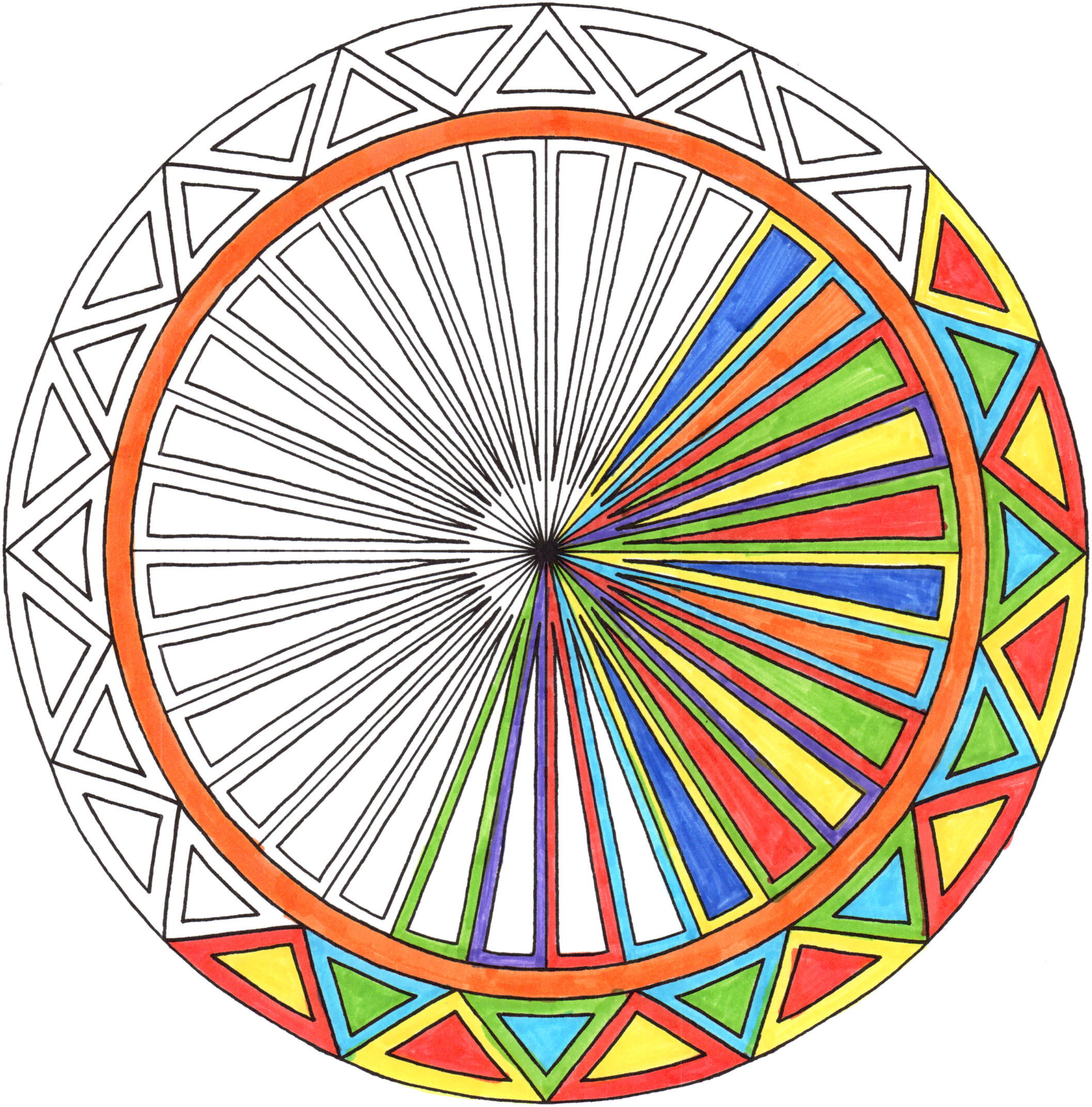

Illustrationen: Tobias Thies
Covergestaltung: Ursula Schwab und Tobias Thies
Produktmanagement: Julia Götzschel
Herstellung: Eva Grimme
Druck: PHOENIX PRINT GmbH

1. Auflage 2015

ISBN 978-3-7724-8211-3
Best.-Nr. 8211